EL DÍA DE LOS MUERTOS

POR
LINDA LOWERY

ILUSTRACIONES POR
BARBARA KNUTSON

yo solo

FESTIVIDADES

ediciones Lerner/Minneapolis

A Joe Lucas
—*L.L.*

A Susan Nees, artista inspiradora y amiga fiel
—*B.K.*

Traducción al español: copyright © 2006 por ediciones Lerner
Título original: *Day of the Dead*
Texto: copyright © 2004 por Linda Lowery
Ilustraciones: copyright © 2004 por Barbara Knutson

La edición en español fue realizada por un equipo de traductores nativos de español de translations.com, empresa mundial dedicada a la traducción.

ediciones Lerner
Una división de Lerner Publishing Group
241 First Avenue North
Minneapolis, MN 55401 EUA

Dirección de Internet: www.lernerbooks.com

Library of Congress Cataloging-in-Publication Data

Lowery, Linda.
    [Day of the dead. Spanish]
    El día de los muertos / por Linda Lowery ; ilustraciones por Barbara Knutson.
      p.   cm. — (Yo solo festividades)
    ISBN-13: 978–0–8225–3122–7 (lib. bdg. : alk. paper)
    ISBN-10: 0–8225–3122–4 (lib. bdg. : alk. paper)
    1. All Souls' Day—Mexico—Juvenile literature. 2. All Souls' Day—United
States—Juvenile literature. 3. Mexico—Social life and customs—Juvenile literature.
    4. United States—Social life and customs—Juvenile literature. I. Knutson, Barbara, ill.
    II. Title. III. Series.
GT4995.A4L6918 2006
394.264'0972—dc22   2005007208

Fabricado en los Estados Unidos de América
1 2 3 4 5 6 – DP – 11 10 09 08 07 06

Ya llegó el otoño.

¿A dónde se fueron

las flores brillantes del verano?

¿Dónde están las verdes hojas?

¿Dónde está el maíz que crecía

    y maduraba en los campos?

Las flores y las hojas
y el maíz del verano,
todos se fueron ya.
Se secaron y regresaron a la tierra.
En toda América del Norte, hay fiestas.

En lugares como la ciudad de México,
Los Ángeles y Nueva York
hay mucha actividad.
Se están preparando para
el Día de los Muertos.
¡Celebran la muerte!

¿Te parece extraño?

No lo es para los mexicanos

ni para los cajunes,

ni para todos los demás que la celebran.

Saben que la muerte trae nueva vida.

Las semillas de flores germinarán

y se convertirán en nuevas flores.

El barbecho nutrirá la tierra

para que crezca maíz nuevo.

Cuando llegue la primavera,

todo será vida nueva.

Con la gente pasa igual.

Como las hojas, las flores y el maíz,

la gente también muere,

pero deja regalos para la tierra.

Sus regalos están en los familiares

o amigos cuyas vidas marcaron.

Están en sus hijos o nietos o bisnietos.

¿Dónde estarías ahora
si no tuvieras antepasados?
Piénsalo.
¡No estarías aquí!
¿No vale la pena celebrarlo?
El Día de los Muertos no es un día de tristeza.
Es una fiesta de afecto y amor en la que
recordamos a aquellos que ya no están.
Es un momento de agradecimiento a la vida.

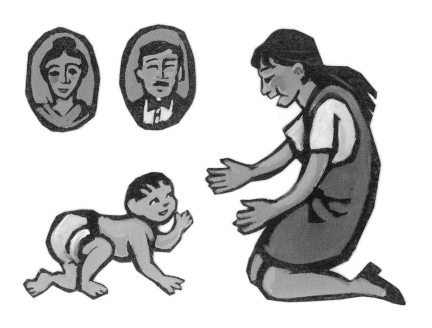

Desde el comienzo de los tiempos,
las personas celebran el ciclo
de la vida y la muerte.
En México, hace cientos de años,
los aztecas celebraban la vida y la muerte.
Invitaban a sus parientes muertos
a que los visitaran todos los otoños.
No podían ver estos espíritus, pero creían
que podían sentir su presencia.

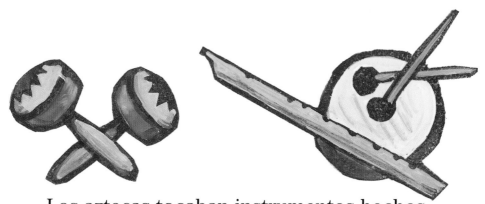

Los aztecas tocaban instrumentos hechos
con caparazones de tortuga y guajes secos.
Tallaban cañas para hacer flautas.
Encendían velas y dejaban comida
para los espíritus.
Pensaban que las llamas y la música
guiarían a los muertos hacia su casa.
Creían que los espíritus comerían con
alegría los alimentos.

En 1521, los conquistadores españoles
tomaron el control de México.
Trajeron con ellos
sus propias celebraciones cristianas.
El 1 de noviembre
era el Día de Todos los Santos.
En esa fecha, los españoles iban a la iglesia
a venerar a los santos que habían muerto.
El 2 de noviembre
era el Día de los Fieles Difuntos.
En esa fecha, los españoles oraban
por sus amigos y familiares muertos.
Los conquistadores querían que los aztecas
celebraran del mismo modo que ellos.
Trataron de acabar
con el Día de los Muertos,
pero los aztecas se aferraron
a las creencias que tuvieron durante siglos.

Con el correr del tiempo,
ambas celebraciones, azteca y española,
se mezclaron.
El Día de los Muertos se convirtió
en festividad mexicana.
En muchas partes de este país,
la fiesta dura tres días.
La mayoría de las personas la celebran
desde el 31 de octubre
hasta el 2 de noviembre.
En los Estados Unidos,
el Día de los Muertos
generalmente se festeja sólo un día,
el 2 de noviembre.
Pero esto varía en cada ciudad o pueblo.

31 de octubre

En un pequeño pueblo de México,
las madres y abuelas están atareadas.
Están preparando el banquete
del Día de los Muertos.
Cierra los ojos y huele.
La salsa hierve sobre el fuego.

Huele el chile, las nueces,

los jitomates y...

¡el chocolate!

Esta receta se llama "mole"

y le dará sabor a los tamales de mole.

Los tamales son carne picante

envuelta en hojas de maíz.

¿Qué otro aroma hueles?

Se está cocinando el pan dulce.

Huele a levadura, azúcar y naranjas.

Se le llama "pan de muerto".

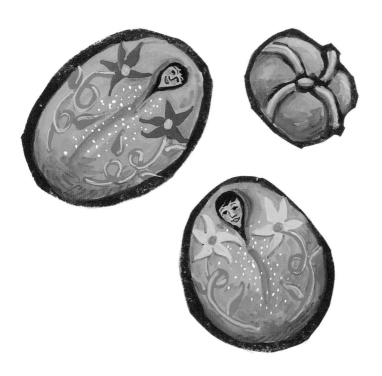

Puedes darle la forma
de pequeños cuerpos envueltos en cobijas.
Puedes hacerlos redondos como un cráneo
o largos y finos como un hueso.
A veces puedes encontrar una golosina
en forma de cráneo o esqueleto
oculta en su interior

Mira a tu alrededor.

¿Qué ves?

Los agricultores
se dirigen al pueblo.

Sus camiones están repletos de
flores del otoño para vender.

Las han cultivado especialmente
para el Día de los Muertos.

Los ramos son tan grandes como niños.

La mayoría de las flores son cempasúchil,

flores de color naranja fuerte.

Los aztecas pensaban que el naranja era

el color sagrado de la tierra de los muertos.

Llamaban al cempasúchil

"flor de los muertos".

21

¿Qué más ves?

En el mercado y en las tiendas

hay caramelos y juguetes.

También estas cosas celebran a los muertos.

Hay ataúdes de azúcar

con esqueletos en su interior,

cráneos de chocolate,

hasta esqueletos de juguete

fabricados en madera o papel,

que se llaman "calacas".

No son juguetes de miedo,

como los de Halloween.

Las calacas son chistosas y divertidas.

Unas tocan la guitarra,

otras conducen camioncitos rojos.

Hay calacas que representan

novios en su boda.

El 31 de octubre, todos se preparan para la noche.

Al atardecer, ¿qué escuchas?

¡Bum! Los fuegos artificiales inundan el cielo.

¡Talán! ¡Talán! Suenan las campanas
de las iglesias.

Algunos pueblos mezclan
la diversión de *Halloween*
con las tradiciones
del Día de los Muertos.

Los niños se disfrazan.

Son fantasmas, ángeles y diablos.

Recorren el vecindario

recolectando dulces y frutas.

Para pedir dulces,

en México los niños gritan

—¡Calaveras!

La calavera es la parte del esqueleto

que corresponde a la cabeza.

Les recuerda a los niños

que están evocando a los muertos.

En algunos lugares,
los niños más grandes
llevan ataúdes por la calle.
Dentro, llevan a alguien
disfrazado de muerto.

La gente lanza monedas, frutas y dulces
dentro del ataúd.

—¡Gracias! —grita el muerto
con una sonrisa alegre.

1 de noviembre

Cada otoño, las mariposas monarcas
vuelan al sur, hacia México.
Detrás dejan el frío de Canadá
y los Estados Unidos.
Las primeras comienzan a llegar
justo a tiempo para el Día de los Muertos.
Algunos dicen que las mariposas monarcas
son los espíritus de los niños que han muerto.
Muchos mexicanos creen que los niños
se convierten en pequeños ángeles
cuando mueren.

Los llaman "angelitos".

Para recibirlos,

las familias preparan un altar

sobre la mesa de la casa.

Allí colocan una serie de tesoros

para recordarlos.

Este altar generalmente lo preparan

el 1 de noviembre y lo llenan de cosas

que piensan que les gustarían a los angelitos.

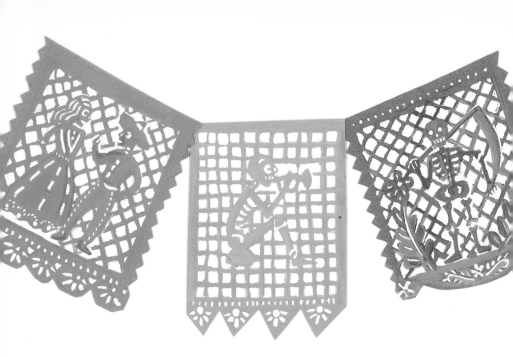

Primero colocan papel de china
de colores brillantes.

Luego cuelgan pliegos de "papel picado".

Cada papel picado tiene diseños
de esqueletos y cráneos
recortados con esmero.

También se ponen juguetes
y fotografías de los angelitos en vida.

Y finalmente traen la comida favorita
de los angelitos.

Hay pizza con mucho queso.

Hay cráneos de azúcar

y rodajas de sandía azucarada.

También encontrarás tacitas con chocolate.

¡Qué felicidad para los angelitos

al ver todo esto!

La gente quema cohetes al aire libre.

Esperan que las chispas ayuden

a los angelitos a encontrar el camino

en la oscuridad.

2 de noviembre

En los Estados Unidos, éste es el día
en que la mayoría de la gente
festeja el Día de los Muertos.
Hay desfiles como en México.
En algunos pueblos, son lentas marchas
fúnebres con clarines y tambores.

En otros, las marchas son ruidosas
y divertidas, con disfraces,
máscaras y música.
La gente observa la diversión
mientras bebe su "atole", una bebida de maíz.

Tanto en los pueblos pequeños
como en las ciudades grandes,
se escuchará tocar a la puerta.
¿Quién es?
Es la familia y los amigos.
Entran y traen con ellos
risas, abrazos y regalos.
Los regalos son
fotografías de los seres queridos,
comidas favoritas, velas y flores.
Todo se coloca en el altar de la casa.
Todos se sientan alrededor del altar.
Comparten historias
sobre los que ya no están.

En México, las familias también construyen
altares en los cementerios en donde
sus seres queridos están enterrados.
Los padres llevan rastrillos, palas y escobas.
Escombran y limpian las tumbas
para que estén lindas
para el regreso anual de los espíritus.
Todos llevan grandes ramos de flores para
recordar y dar la bienvenida a los muertos.

Los ponen en botes que colocan
sobre las tumbas.

De pronto, todo parece un jardín rojo,
amarillo, blanco y morada.

Las flores naranjas se mezclan
con las hojas verdes.

El color de la muerte
se mezcla con el de la vida.

Cuando llega la noche,

es hora de merendar en el cementerio.

Se abren las canastas.

Aparece la comida.

Tamales de mole, pan de muerto,

chiles tostados, tortillas, atole y dulces.

Muchas familias comen sobre manteles

colocados sobre las tumbas.

También dejan comida

para los espíritus visitantes.

Otras familias simplemente

colocan la comida sobre el altar.

Esperan que sus seres queridos la disfruten

cuando vengan de visita durante la noche.

Cuando ya está oscuro,
encienden velas alrededor de las tumbas.
Ahora el cementerio parece
un gran pastel de cumpleaños
en la noche.

¿Verán los del otro mundo
las centelleantes llamas?
La música inunda el aire.
Algunas familias encienden radios
a un volumen bajo.
Otras tocan la guitarra y cantan.

En algunos lugares,

los jóvenes bailan el "Baile del Viejito".

Forman un círculo, y bailan cojeando

y golpeando el suelo con sus bastones.

Se agarran la espalda encorvada

con una mano, como si les doliera.

Usan máscaras de ancianitos divertidos.

A medida que avanza el baile,
los bailarínes van rejuveneciendo.
Zapatean y se pavonean con energía.
Están llenos de alegría y vitalidad.
¿Escucharán los muertos esta música
y vendrán a bailar?

Mucha gente se queda
en el cementerio toda la noche.
Los niños juegan a la luz de las velas.
Las familias comparten historias
sobre sus seres queridos.
Algunas son animadas
y están llenas de aventura.

Otras son picarescas y divertidas.

—¿Te acuerdas cómo
la abuela lloraba de risa?

—¿Recuerdas cómo el bisabuelo
arriesgó su vida
luchando por la libertad?

Algún día,

los niños le contarán estas historias

a sus propios hijos.

Y así, los seres queridos

permanecerán siempre en la memoria.

Año tras año,

siempre los recordarán.

Año tras año,
les recordarán a los niños
que la vida es un regalo precioso.
En el Día de los Muertos
y todos los días . . .
¡qué bueno que es estar vivo!

Glosario

atole: bebida mexicana a base de maíz

calacas: figuras de esqueletos realizadas a mano

calaveras: palabra usada por los niños al recorrer el vecindario en busca de dulces

Día de los Muertos: celebración en la que se recuerda a los seres queridos muertos

mole: salsa mexicana elaborada con chile, nueces, tomate y chocolate

pan de muertos: pan dulce elaborado para el Día de los Muertos

papel picado: pliegos de papel con diseños calados

tamales de mole: masa rellena de carne y mole, envuelta en hojas de maíz

tortillas: pan plano y redondo hecho de maíz

tumbas: lugar a donde se dirigen los familiares de los muertos para festejarlos la noche del 2 de noviembre